LES

CAROSSES A CINQ SOUS,

Comédie,

REPRÉSENTÉE EN 1663.

ARIS,

HEZ LÉC USE, LIBRAIRE, BOULEVART MONTMARTRE, N°. 3.

1828.

de tous les livres, et se disoit *pénétré d'amour et de respect pour elle*[1]. DIDEROT, qu'on n'accusera pas ici de partialité, lui a rendu cet hommage : « Si la médio« crité de ma fortune ne suffit pas pour donner à mes « enfants les soins nécessaires à leur éducation, je ven« drai mes livres; mais je garderai sur le même rayon « *Moïse*, Homère, Euripide, Sophocle, Richardson, « et je les lirai tour-à-tour[2]. » S'il étoit utile d'ajouter quelque chose à de pareils témoignages, j'invoquerois ceux de tous nos grands écrivains, et les jugements de Longin, Rollin, Lowth, La Harpe; enfin je rappellerois qu'un savant anglois, sir WILLIAM JONES, a dit: « J'ai lu avec beaucoup d'attention les Saintes Écri« tures et

L'INTRIGUE

DÈS

CAROSSES A CINQ SOUS,

COMÉDIE EN TROIS ACTES,

REPRÉSENTÉE SUR LE THÉATRE ROYAL DU MARAIS, EN 1663.

AVEC UNE NOTICE SUR L'AUTEUR ET SUR L'ÉTABLISSEMENT DE CES CAROSSES.

A PARIS,

CHEZ LÉCLUSE, LIBRAIRE, BOULEVART MONTMARTRE, n°. 3.

1828.

PERSONNAGES.

CLIDAMANT, mari de Clarice.
CLINDOR, mari de Lucrèce.
CLARICE.
LUCRÈCE, travestie en homme.
GUILLOT, valet de Clidamant.
RAGOTIN, valet de Clindor.
BEATRIX, suivante de Clarice.
LISETTE, suivante de Lucrèce.

La Scène est dans la Place Royale, proche l bureau des carosses.

AVIS.

Rarement se voit quelque chose de réellement tout neuf sous le ciel. L'an de grâce 1663 vit apparaître, dans Paris, de longues voitures transportant à heures fixes pour cinq sous d'un quartier dans l'autre, bourgeois, prêtres et gentilshommes fort contens de parcourir la capitale sans se fatiguer, même en causant du tiers, du quart, de la pluie, du beau temps, s'étonnant des rencontres les plus bizarres, observant avec malignité les nœuds de plus d'une intrigue; la magistrature ne les dédaigna point, le noble de race ne crut pas déroger en s'en servant; Louis XIV les illustra en y montant une seule fois; cependant elles furent comme nos *omnibus*, au moment de leur introduction, l'objet du courroux des pauvres diables condamnés par la vanité du noble duc, leur propriétaire prévilégié (le duc de Roannez), à se lasser en se crottant jusqu'à l'échine, ou qui pis est, à perdre leur gagne pain; leurs aventures donnèrent sujet de les chansonner comme les *omnibus*, et les lazzis de la pièce du théâtre du Marais où l'on prétendit peindre au naturel les scènes de moeurs dont les antiques voitures, à cinq sous furent les témoins, donneront lieu d'apprécier si le dix-septième siécle, avec ses préjugés, possédait autant de décence que notre âge, où tant de gens ne trouvent rien d'excellent que ce qui fut autrefois, ce qui n'est plus, ce qui ne saurait revenir.

NOTICE.

CHEVALIER, comédien de la troupe du Marais, jouait au milieu du dix-septième siècle, est mort en 1673. Il a composé plusieurs pièces qui ne sont que des farces, mais qui ont eu du succès; elles ont été toutes imprimées, et en voici les titres : 1°. le *Castel de Guillot*, ou le *Combat ridicule*, en un acte, 1661. 2°. *La Désolation des filoux*, ou les *Malades qui se portent bien*, en un acte, 1662. 3°. Les *Galans ridicules*, ou les *amours de Guillot et de Ragotin*, 1662. 4°. L'*Intrigue des carosses à cinq sous*, 1663. 5°. La *Disgrâce des domestiques*, 1662 6°. Les *Barbons amoureux et rivaux de leurs fils*, en trois actes, 1661. 7°. Les *amours de Colotin*, en trois actes, 1664. 8°. Le *Pédagogue amoureux*, en cinq actes, 1665. 9°. Les *Aventures de nuit*, en trois actes, 1666. 10°. Le *Soldat poltron*, en un acte, 1668. Toutes ces pièces sont en vers, et plusieurs ont obtenu du succès, telle que celle que nous donnons. Elles sont toutes remplies de pointes triviales, de quolibets et d'équivoques plaisans; on ne les trouve plus que rarement; nous nous proposons d'en publier quelques-unes que M. le comte C. B. veut bien nous communiquer.

L'INTRIGUE

DES

CAROSSES A CINQ SOUS.

ACTE PREMIER.

SCÈNE PREMIÈRE.

LUCRÈCE, *travestie en homme;* LISETTE.

LISETTE.

Mais, Madame, à quoi bon un tel déguisement?
Et que prétendez-vous par cet habillement?
Dites-moi s'il vous plait ce que vous voulez faire.

LUCRÈCE.

Tu sais bien que jamais je ne t'ai pu rien taire,
Et comme je connais ton esprit fort discret,
Je n'ai point de secret qui soit pour toi secret,
Saches donc que mon mal est tellement extrême,
Qu'il serait malaisé d'en trouver un de même,
Puis qu'il n'est que trop vrai qu'un mari sans
raison,
A depuis peu de temps ruiné ma maison,
Et pour t'en dire ici la véritable cause,
C'est qu'il joue à toute heure, et qu'il perd toute
chose.

Je n'avais plus chez nous, ô malheur inouï !
Pour tout bien, tout espoir, que deux mille louis,
Qu'il vient de m'emporter et quelques pierreries,
Qu'il va jouer et perdre à ces académies :
Dis-moi, que dois-je dire ou faire la dessus.

LISETTE.

Pour moi mon avis est que ne les ayant plus
Il faut pour les ravoir user de toute chose.

LUCRÈCE.

C'est donc pourquoi j'ai fait cette métamorphose,
Clindor ne portera que peu d'argent sur lui,
Étant fort malheureux, il faut donc aujourd'hui,
Comme ordinairement Ragot porte sa bourse,
Auprès de ce valet chercher quelque ressource,
Aussi bien que son maître il aime fort le jeu,
Et quand il est après, il n'en prend pas pour peu ;
Voilà ce qui me fait en ce moment prétendre,
Que je pourrai r'avoir ce que l'on m'a su prendre,

LISETTE.

Si bien que pour r'avoir votre or et vos bijoux,
Vous allez justement faire un tour de filou,

LUCRÈCE.

Oui, c'est là mon dessein : dis-moi si tu l'approuves,

LISETTE.

Ne dit-on pas qu'on prend son bien où l'on le trouve?
Mais ne craignez-vous point que Clindor votre époux,
Ne voie par vos traits, Madame, que c'est vous?

LUCRÈCE.

Le jeu, chère Lisette, occupe trop son âme,
Pour, malgré cet habit, reconnaître sa femme.

LISETTE.

Je croyais vous voyant dedans ce bel atour,

Que vous vous étiez mise en tête quelque amour!
Et vous masculinant d'une telle manière,
Que vous alliez donner à vos esprits carrière ;
Mais sachant à présent quel est votre dessein,
Madame, je n'ai plus ce penser dans le sein,
A Dieu ne plaise hélas, que votre humeur fut telle,
Qu'amour vint sottement vous brouiller la cervelle :
Car enfin que sait-on? si je voyais pécher;
Je ne pourrais peut-être aussi m'en empêcher;
Comme le naturel au mal a de la pente,
Ce mal qui fait du bien, facilement nous tente,
A ce qu'au moins jadis ma mère m'en apprit,
Je ne le saurais pas si l'on ne me l'eut dit,
Et je ne suis pas fille à faire un tel passage!
Sans y faire devant passer le mariage.
Si j'avais eu dessein de mordre à l'hameçon,
Ragot m'en conte encor de la bonne façon.
Il me dit tous les jours; Mon aimable Lisette,
Si tu veux nous ferons ensemble l'amourette,
Va je t'épouserai s'il en vient un poupon.
Je lui dis la dessus brusquement, je t'en pon,
C'est pour ton nez, il faut ma foi que l'on t'en donne.
Sais-tu si ce serait un poupon ou pouponne
Et crois-tu que je sois une fille à cela?
Va lui dis je d'abord, va-t'en au piautre! va,
Fais-je pas bien, Madame?

LUCRÈCE.

Oui, cela me contente;
Mais cherchons un remède au mal qui me tourmente.
Tu peux t'imaginer après ce que j'ai dit

Si je souffre à présent du corps et de l'esprit :
Sortons donc promptement d'un si cruel supplice,

LISETTE.

Vous ne souffrez pas seule, et l'aimable Clarice
Ressent ainsi que vous, un extrême tourment ;
Clidamant son mari ne fait incessamment,
Que courir tout le jour de carosse en carosse;
Pour avec tous objets faire nouveau négoce,
Aux dépens de sa femme il leur fait les yeux doux.

LUCRÈCE.

Il chercherait fortune en carosse à cinq sous!
Il irait pousser là quelques galanteries!

LISETTE.

S'il en pousse, Madame ; il en fait des roties,
Clarice votre amie en est au désespoir.

LUCRÈCE.

Que sais-tu?

LISETTE.

Beatrix m'apprit tout hier au soir,
Et me dit qu'elle était de voir un tel volage,
Dans un emportement, qui va jusqu'à la rage,
Que Clarice viendrait vous trouver aujourd'hui
Pour vous faire savoir l'excès de son ennui.
Sans doute on la verra bientôt courir les rues,
Ayant dedans l'esprit ces visions cornues,
Ne vous l'ai-je pas dit? elle vous vient chercher.

LUCRÈCE.

Va t'en pour un moment près d'ici te cacher,
La surprise en sera peut-être aussi jolie,
Que jamais incident le fut en comédie,
Lorsqu'elle me verra dans cet habillement.

LISETTE.

J'obéis.

Elle se cache dans une aîle du théâtre.

SCÈNE II.

LUCRÈCE, CLARICE, BÉATRIX.

LUCRÈCE *à Clarice.*

Oserais-je objet rare et charmant,
Demander en quel lieu votre dessein vous mène?
Vous puis-je accompagner ?

CLARICE.

N'en prenez pas la peine,
Comme je ne m'en vais qu'à quatre pas d'ici,
Je me puis aisément passer de vous ainsi?
Je suis trop obligée à votre courtoisie,
Ne vous connaissant point.

LUCRÈCE.

Treve de raillerie,
Ce n'est pas d'aujourd'hui que j'ai de vos faveurs,
Et nous nous sommes vus en autre part qu'ailleurs.

CLARICE.

Moi je vous aurais vu? Dieu quelle menterie!
Cessez votre arrogance et votre effronterie,
Je ne vous vis jamais autre part qu'en ce lieu,
Trève donc d'entretien, et là dessus adieu.

LUCRÈCE.

Comment? vous, qui m'aimez avec ardeur ex-
trême.
User avec moi d'un si grand stratagème
Et si je vous disais que vous m'allez chercher ;

CLARICE.

Je vous chercherais, moi? Dieu m'en veuille empêcher,
Mon cher petit Monsieur, je vous jure mon âme,
Bien loin de vous chercher, que je cherche une femme.

LUCRÈCE.

Vous cherchez une femme? oui, femme comme moi.
Je vous contenterai comme elle sur ma foi

CLARICE.

Laissons-le, Beatrix, faisons notre visite.

BEATRIX.

Peut-être ce Monsieur est une hermaphrodite.

CRARICE.

Laissons-le encore un coup, allons sortons d'ici,
Mais Lisette parait, tire nous de souci.
Où peut-être Lucrèce?

LISETTE

Elle est ici tout proche

CLARICE.

Où? je ne la vois point.

LISETTE.

O la dure caboche
Elle est devant vos yeux, ne la voyez vous point?

BEATRIX.

Il faut donc qu'elle soit en chausses et pourpoint
Car plus j'emploie ici les efforts de ma vue
Je ne vois rien qu'un homme, ou bien j'ai la berlue.

LISETTE.

Comme on dupe aisément et les yeux et l'esprit
Lucrèce assurément gîte dessous cet habit.

BEATRIX.

Les femmes a présent portent le haut de chausse!
Je n'aurais jamais cru votre apparence fausse.

LUCRÈCE.

Quoi vous méconnaissez qui vous connait si bien,
Et qui vous aime tant ?

CLARICE.

Je n'y comprenais rien,
Et l'on ne vit jamais dans notre cour charmante!
Un homme d'une mine et d'humeur plus galante
Pour moi, j'en suis surprise et ne le puis nier.

BEATRIX.

Vous n'entendez pas mal à vous hommifier.

CLARICE.

Pourquoi vous êtes vous mise en cette posture?

LUCRÈCE.

Pour tâcher de finir les tourmens que j'endure.

CLARICE.

Ils ne sont pas plus grands, je crois que mon souci,
Lors que vous les saurez; mais quelqu'un vient ici,
Cherchons où nous conter le mal qui nous tourmente.

SCÈNE III.

CLINDOR, RAGOTIN.

RAGOTIN.

Votre façon d'agir, Monsieur, est bien méchante.

CLINDOR.

Nous avons de l'argent Ragot, nous voilà bien,

BOGOTIN.

Monsieur encor un coup, ce tour-là ne vaut rien
Il faut que vous ayez une âme bien tigresse;
D'aller voler ainsi votre femme Lucrèce,
Comment? tout emporter et tout prendre chez
vous,
Pour aller le porter à la gueulle aux filoux ?
Car il n'est rien plus vrai qu'en ces Académies,
Il se commet souvent force friponneries.
Témoin certain manteau doublé du même drap:
Dont à mon grand regret il me fut fait un rapt,
Dans ce maudit endroit; où tout chacun abonde,
On y voit des futés s'il en est dans le monde;
Le fils dupe le père et le père le fils,
Ils se pendraient plutôt qu'ils n'eussent vos louis
Là dans ce maudit lieu plein de libertinage;
Et vous et vos louis sont d'abord au pillage,
Et si sôt qu'ils ont mis mon maître au rang des
gueux,
Il sort, et ces matois partagent tout entr'eux.
Si bien qu'après cela vous allez vous ébattre,
A faire comme on dit, chez vous raffle de quatre,
Et tout ce qui se peut rencontrer sous vos mains,
Vous l'allez justement porter à des gredins,
Qui n'ont le plus souvent pour toute leur richesse
Qu'une paire de mains pour les tours de sou-
plesse
Pour attraper la bourse aux pauvres innocens,
Ainsi qu'ils vous ont fait malgré toutes vos dents.
Les tours de ces adroits vallent mieux que les
vôtres
Puisqu'ils savent fort bien vivre aux dépens des
autres.

Mais vous qui ne savez vivre qu'à vos dépens,
Vous ne serez jamais rien qu'au rang des rampans
Et vous serez contraint de faire quelqu'affaire,
Qui très certainement nous sera fort contraire.

CLINDOR.

Que tu raisonnes mal, ô le plus grand des fous!

RAGOTIN.

Lors que vous ne pourez plus rien prendre chez vous,
Vous irez autre part à la petite guerre,
Et comme je vous suis, Monsieur, par toute terre,
Si l'on vous met après la main sur le colet,
On la mettra d'abord dessus votre valet;
Quoi que mon innocence aille jusqu'à l'extreme
Si vous ne valez rien, on me croira de même,
Et l'on nous mènera tout deux droit en prison;
Après si nous savons quelque belle oraison,
Nous n'aurons s'il nous plait dans ce lieu qu'à la dire,
Jugez si nous aurons fort grand sujet de rire,
Quand dedans peu de temps devant force témoins,
On vous accourcira de votre tête au moins,
Et moi qui n'ai rien fait pour aucun mal prétendre,
On ne laissera pas joliment de me pendre.
Monsieur, sur le plancher je sais danser fort bien,
Mais je ne sais point l'art de danser dessus rien.

CLINDOR.

Pour moi, je crois, Ragot, ta folie achevée.

RAGOTIN.

Monsieur, c'est un plaisir d'aller tête levée,

Ma mère-grand un jour me disait sur cela,
Mon fils, qui bien fera toujours bien trouvera,
Belles paroles, peuple ! ô les belles sentences !
Qui les suivra n'ira jamais en décadences.

CLINDOR.

Tout cela va fort bien, mais sans plus discourir,
Donne moi quelque argent pour m'aller divertir.

RAGOTIN.

Oui dà: cela, Monsieur, est plus que raisonnable,
Sans pécune on n'est pas en compagnie aimable,
Mais vous la ménagez de mauvaise façon ;
Tâchez à l'avenir d'être joli garçon.
Je sais qu'il ne faut pas passer pour un infâme,
Qu'un homme sans argent est un vrai corps sans
âme,
Et que dans cet état les hommes sont moqués;
Allez vous réjouir, voilà deux sous marqués,
Et que de vous jamais, je n'aie aucun reproche.

CLINDOR.

Je pourrais bien ici vous casser la caboche,
Lorsque vous me traitez de cette façon là.

RAGOTIN *lui donne sa bourse.*

Monsieur, prenez plutôt tout ce qu'il vous plaira.
La femme, à ce qu'on dit, est fort bonne sans tête,
Mais pour moi, sans mon chef, je vaux moins
qu'une bête,
Ainsi laissez-le moi.

CLINDOR.

Je prends trente louis,
Je m'en vais.

RAGOTIN.

Ils seront bientôt évanouis,
Diable, quel ménager ! on voit sur son visage

Qu'il vendra tout dans peu pour vivre de ménage.
Mais tandis qu'il s'en va pousser le paroli,
Je m'en vais me donner d'un doigt de rossoli,
Aussi bien quelqu'un vient.

SCÈNE IV.

CLARICE, LUCRÈCE, BEATRIX, LISETTE.

LUCRÈCE.

Enfin, ma chère amie,
Mon galant vient d'entrer dedans l'académie :
Et comme son valet s'en va boire beaucoup,
Ce sera le moyen de mieux faire mon coup.
Vous avez su de moi le sujet de ma peine,
Et vous m'avez appris aussi ce qui vous gêne.
Il ne reste donc plus qu'à chercher les moyens
D'alléger vos tourmens en allégeant les miens ;
Mais avec Béatrix prenez encore Lisette,
Je n'ai pas besoin d'elle en ce que je projette.
Cependant que je vais entrer dedans ce lieu,
Employez tous vos soins à jouer votre jeu,
Clidamant ne saurait aller chercher négoce,
Sans passer par ici pour entrer en carosse :
Je vous quitte un moment, adieu jusqu'au revoir
Ce que vous aurez fait, faites le moi savoir,
Envoyez-moi Lisette.

CLARICE.

Adieu, votre servante:
O Ciel ! fais réussir le dessein que je tente,

Nous avons toutes trois chacune notre loup,
Tâchons de n'être pas surprise tout d'un coup.
Mais le voici déjà, voyons ce qu'il veut faire,
Et dessus son projet nous ferons notre affaire.

Elles se cachent.

SCÈNE V.

CLIDAMANT, GUILLOT.

CLIDAMANT.

Mais, Guillot, à quoi bon me vouloir arrêter ?
Ne feras-tu jamais que me persécuter ?

GUILLOT.

Monsieur, excusez-moi si je vous persécute,
C'est pour vous détourner de chercher chape-
chute.
Et qu'est-il de besoin de courir en lutin,
Vous, pour faire l'amour, moi, pour mourir de
faim ?
Dans le temps que je souffre et mille et mille
peines
Vous faites le Rodrigue auprès de vos Chimènes,
On vous voit tout le jour en fiacres à cinq sous,
A faire l'entendu, le beau fils, les yeux doux,
A nommer vos objets de merveilleux chefs-
d'œuvres,
Cependant que Guillot avalle des couleuvres.
Ah ! Monsieur, j'aimerais tout autant me voir
mort,
Que d'être à tout moment à courir le bos. bord,
A la Place Royale, et puis aux Tuileries,

Luxembourg, l'Arsenal, ce sont nos galeries.
Si vous voulez, Monsieur, que nous vivions sans
bruit,
Ne nous embarquons point sur la mer sans bis-
cuit.
Je sais de bonne part que l'amour vous fait vivre,
Mais sans repaître un peu, je ne vous saurais
suivre,
Avant qu'aller plus loin, prenons le bon parti,
Et faisons, s'il vous plaît, *beati garniti.*

CLIDAMANT.

Ce coquin n'a jamais son âme satisfaite.

GUILLOT.

Vous vous allez jouer à pousser la fleurette,
Et si je vous vais voir exprimer votre amour,
Peut-être deviendrais-je amoureux à mon tour;
Puis, si la Béatrix, de madame suivante,
Vient à s'apercevoir qu'un autre objet me tente;
Et que je ne sois plus d'elle passionné,
Le diable alors sera sur mon corps déchaîné.
Et pour me maltraiter de mon humeur légère,
Elle viendra sur moi fondre toute en colère,
Me disant, furieuse, en ouvrant les nazeaux,
Je ne serai jamais viande pour tes oiseaux,
Beau chercheur de midi, monsieur l'homme de
chambre;
Et me pourra peut-être avaler quelque membre.
J'aime mieux n'être point en cette extrémité,
Que de me voir jamais aucun membre gâté.

CLIDAMANT.

Lorsque je suis sensible, il faut que tu sois souche.

GUILLOT.

Un exemple amoureux terriblement me touche,

Et sitôt que j'entends parler sur ce sujet,
Je me trouve d'abord je ne sais comment fait :
Dès qu'un objet fripon vient à mes yeux paraître,
L'eau me vient à la bouche et ne suis plus mon maître.
Un feu s'épand en moi du bas jusques en haut,
Je jaze, comme on dit, dès que j'ai le pied chaud.

CLIDAMANT.

Quand d'un nouvel amour tu te laisserais prendre,
Dis-moi, ta Béatrix pourrait-elle l'apprendre?
Elle n'en saurait rien, repose-t'en sur moi,
Mais quelqu'un vient ici.

GUILLOT.

Sont-ce femmes?

SCÈNE VI.

CLARICE, LISETTE, BEATRIX,
chacune un loup ou masque sur la figure;
CLIDAMANT.

Tais-toi.
Mesdames, puis-je bien sans avoir votre haine,
M'informer du sujet qui dans ce lieu vous mène?
Vous-y puis-je servir?

CLARICE.

Qu'il est humilié !
Le traître !

GUILLOT.

Trouvez-vous chaussure à votre pied?

CLIDAMANT.

Ah ! je t'étranglerai si tu ne te sais taire.

CLARICE.

Nous allons au palais pour une grande affaire,
Et le carosse étant une commodité.....

CLIDAMANT.

Je viens chercher aussi cette nécessité,
Mais je ne vis jamais de si belles plaideuses.

GUILLOT.

Poussez, Monsieur, ce sont de nos solliciteuses.

CLIDAMANT.

Laisse-moi.

CLARICE, *bas.*

Le perfide ! ah l'homme déloyal !

GUILLOT.

Que je parle un moment.

CLIDAMANT.

Et bien, parle, animal.

GUILLOT, *abordant Béatrix.*

Dites-moi, s'il vous plaît, puisqu'ici je vous trouve,
Si sous ce masque loup vous ne seriez point louve,
Car vous me paraissez, sans vous flatter beaucoup,
La plus vilaine bête enfin d'après le loup.

CLIDAMANT.

Quoi ? je ne pourrai pas empêcher tes sottises ?

BEATRIX.

Cela n'est rien, Monsieur, ce sont des gaillardises,

CLIDAMANT.

Coquin, va vite voir si le carosse est prêt.

GUILLOT.

J'y vais, le malin corps !

CLIDAMANT.

Mesdames, s'il vous plaît,
Acceptez mon service, il n'est rien qui m'arrête.

GUILLOT, *revenant.*

Approchez vitement, votre monture est prête,
Autrement on pourra vous souffler les deux fonds.

CLIDAMANT.

De peur de ce malheur, Mesdames, avançons,
Et ne demeurons pas dans ce lieu davantage,

GUILLOT.

En nous voyant partir, criez tous bon voyage,
Allons bon train, cocher, touche tes bourriquets,
Sans verser, s'il se peut, mène-nous au Palais.

SCÈNE VII.

UN HOMME.

Arrête un peu, mon cher, as-tu là quelque place?

GUILLOT.

Oui, si nous nous voulons écraser la carcasse,
Oh, le joli dessein pour nous faire étouffer !

L'HOMME.

Que veut dire ce sot ?

GUILLOT.

Gardez de m'échauffer,
Vous auriez de ma part des blessures mortelles.

L'HOMME.

Ce coquin...

GUILLOT.

Détalons, maudites haridelles.

Fin du premier acte.

ACTE SECOND.

SCÈNE PREMIÈRE.

LUCRÈCE *seule, sortant de l'académie.*

Pour tâcher de ravoir toutes mes pierreries,
Je m'étais préparée à beaucoup d'industries.
Mais Clindor n'ayant vu personne dans ce lieu,
Il n'a pû s'embarquer par ce moyen au jeu.
Si bien qu'en attendant que compagnie arrive,
Il vient prendre un carosse : il faut que je l'y suive.
Si quelqu'un fût venu jouer pour l'amuser
J'eusse pû trouver lieu de le déniaiser,
Il paraît : abordons-le et de façon galante.
Sans doute, vous cherchez notre maison roulante.

SCÈNE II.

CLINDOR, LUCRÈCE.

CLINDOR.

Oui c'est pour ce sujet que je m'en viens ici.

LUCRÈCE.

C'est un endroit fort propre à cacher le souci,

Et pour plusieurs raisons, il faut que l'on avoue,
Que qui sut l'inventer mérite qu'on le loue.
Dès qu'un homme se voit entrer dans le chagrin,
Qu'il entre en ce carosse, il le bannit soudain.
On rencontre en ces lieux mille charmantes dames,
On pousse des torrens de soupirs et de flammes :
Enfin on en voit là de toutes les façons;
On y voit quelques fois des filles en garçons.

CLINDOR.

Il est vrai que ce lieu se peut sans flatterie,
Nommer le beau séjour de la galanterie,
Où les plus grands plaisirs...

LUCRÈCE.

Moi qui vous parle, moi,
Savez-vous que j'en ai rangé dessous ma loi?
Et que la plus aimable et la plus vertueuse,
Résiste rarement à ma flamme amoureuse.

CLINDOR

Monsieur, certainement un homme comme vous,
Peut faire en se montrant quantité de jaloux :
Le ciel en vous faisant fit tout ce qu'il pût faire.

LUCRÈCE.

Je ne suis pas bien fait, mais j'ai le don de plaire,
Et les plus fiers objets, sachant ce que je puis,
Avec moi passeraient et les jours et les nuits.

CLINDOR.

Enfin vous êtes donc homme a bonnes fortunes?

LUCRÈCE.

Il est vrai que j'en ai, qui ne sont pas communes :
Et vous pouvez penser si des gens comme nous,
Peuvent manquer d'avoir d'abord le rendez-vous.

CLINDOR.

J'avouerai qu'en vous seul on voit toute la grâce.

LUCRÈCE.

Et si je vous disais qu'en cette même place,
Des dames m'ont promis de me venir chercher.
Venez-y, vous verrez combien je leur suis cher.
Vous serez le témoin de toutes leurs caresses,
Vous verrez si je suis heureux en mes maîtresses,
Et comme je les rends sensibles à mes coups;
Il s'en pourra trouver quelques-unes pour vous,
Et je veux aujourd'hui vous faire voir des choses,
Que l'on ne vit jamais dans les métamorphoses.
Pour peu qu'à quelque objet je daigne offrir mes vœux,
Je le fais condescendre à tout ce que je veux;
Ce sera vers le soir, venez-y je vous prie,
Vous verrez en amour si j'ai de l'industrie.

CLINDOR.

Je vous promets ma foi, que je m'y trouverai.

LUCRÈCE.

Par ce que je ferai, je vous étonnerai;
Mais je crois que j'entends venir notre voiture :
Arrête-là cocher, cherchons quelqu'avanture,
A qui nos feux ardens puissent être expliqués.

CLINDOR.

Tiens petit enfant bleu, prend mes cinq sous marqués.

LUCRÈCE.

Misérable mortel : prend les miens, je te prie;
As-tu déjà quelqu'un? aurons nous compagnie?

LE PETIT LAQUAIS.

Femmes, filles et moines, enfin des trois mandiens,

Il ne nous manque plus que des comédiens.

LUCRÈCE.

Allons nous ferons là quelque plaisante histoire.

LE PETIT LAQUAIS.

Hé, Monsieur, donnez-moi quelque chose pour boire.

CLINDOR.

Va, nous t'en donnerons, mets la portière bas.

LUCRÈCE.

Quelqu'un vient, plaçons-nous, cocher double le pas.

SCÈNE III.

CLARICE, BÉATRIX, LISETTE.

CLARICE.

A t'on jamais parlé d'une telle avanture?
J'allais expressement dedans cette voiture,
A dessein de savoir ce que fait mon mari,
Quand il trouve un objet digne d'être chéri,
Et comme je voyais deux assez belles dames,
Pour s'attirer de lui des soupirs tout de flâmes,
Je n'eusse jamais cru qu'un bonheur merveilleux,
L'eut rendu malgré lui de sa femme amoureux.

BÉATRIX.

Madame vos façons ne sont pas trop honnêtes,
De chercher en carosse à faire des conquêtes,
Car enfin toutes deux nous en sommes témoins.

CLARICE

Le lâche! à mon loup seul il rendait tous ces soins.

LISETTE.

Mais vous voyez pourtant que son cœur est tout
votre.

CLARICE.

Oui, parce qu'il m'a prise en ce lieu pour une
autre,
Si je ne fusse entrée en carosse avec lui,
Comme les autres fois, j'en tenais aujourd'hui :
S'il venait comme on dit des cornes à la tête,
J'en aurais Dieu merci d'une longueur honnête.
Mais il faut cependant que je voie en ce jour,
Jusques où peut aller l'excès de son amour.
Tantôt en m'en contant de la bonne manière,
Le plus que je pouvais j'affectais d'être fière,
Car il faut qu'un objet à se rendre soit lent,
Pour mieux faire valoir de l'amour le talent :
Pourtant j'appréhendais de paraitre trop lente,
Et qu'ayant comme il a l'humeur fort inconstante,
Il n'allât présenter et son cœur et sa foi
En ma présence même à quelqu'autre qu'à moi;
C'est pourquoi Béatrix je me suis radoucie,
Jusques à me promettre à lui toute ma vie,
Et je lui pouvais bien promettre ce bonheur,
Sans, comme tu le sais, risquer pour mon hon-
neur.
Mais je le veux railler.

BÉATRIX.

C'est le moins qu'il mérite,
Il nous le faut berner tantôt à sa visite,
Alors qu'il vous viendra faire ici les yeux doux.

LISETTE.

Comme il vous a donné ce lieu pour rendez vous,
Et que d'amour il est, tout-à-fait susceptible,

Nous le verrons bientôt, la chose est infaillible.

BÉATRIX.

Si j'étais que de vous... mais je les vois venir.

CLARICE.

Cachons-nous pour les voir un peu s'entretenir.

SCÈNE IV.

CLIDAMANT, GUILLOT.

CLIDAMANT.

Guillot que je me sens épris de cette dame!
Et que sans l'avoir vue enfin elle m'enflâme.

GUILLOT.

Mais vous n'en avez vu que la taille et le port,
Car son loup....

CLIDAMANT.

Son esprit m'a su prendre d'abord,
Son mérite est si grand, qu'on ne s'en peut défendre.

GUILLOT.

Je vous trouve Monsieur par trop facile à prendre,
L'on ne vous verra point sans vous railler beaucoup,
De vous être laissé prendre ainsi par le loup,
Mais gardez s'il vous plait, dans votre amour étrange,
De faire ici la bête, et que le loup vous mange.

CLIDAMANT.

Tout ce que tu me dis, ne m'en détourne point,
Je l'aime; et son esprit me charme au dernier point.

Ah, Guillot quel plaisir on a dans ces carosses.

GUILLOT.

Quel plaisir de se voir charrier par des rosses,
Par des harengs-sorets des chevaux si hideux,
Que j'aimerais autant être en charrette à bœufs,
Qu'on soit dedans le fond ou dedans la portière,
On voit rosses devant, on voit rosses derrière,
On a beau regarder de l'un à l'aure bout,
On ne voit jamais rien que des rosses partout.

CLIDAMANT.

Gardez pour trop rosser, qu'ici je ne vous rosse.

GUILLOT.

Comme un chirurgien vous cherchez plaie et
bosse,
Mais ne m'en faites pas en cette occasion,
Car je suis ennemi de la contusion.
Monsieur si nous avons à demeurer ensemble,
Ne nous battons jamais, ou qu'on nous désas-
semble,
Devant que quelque coup soit sur moi déchargé,
Sans autre compliment je vous donne congé.

CLIDAMANT.

A-t-on vu quelquefois qu'un valet chasse un
maître ?

GUILLOT.

Si vous ne l'avez vu, vous le voyez paraître,
Avant que nous ayons quelque difficulté,
Que chacun de nous deux aille de son côté ;
Il est très assuré que vous êtes mon maître
Et moi votre valet, quoiqu'indigne de l'être :
Mais si vous me traitez autrement que fort bien,
Dès ce même moment, nous ne nous serons rien.

CLIDAMANT.

D'où vient que contre moi ta colère s'enflâmme?
Tu te fâches toujours.

GUILLOT.

Vous avez une femme,
Dont le Ciel par l'hymen vous a fait un présent,
Charmante et dont le bien est pour vous suffisant
Cependant vous allez courir la pretentaine,
Pensez-vous qu'une femme aime telle fredaine,
Et qu'en continuant à faire l'éventé,
Elle n'en fasse pas autant de son côté?
Croyez-vous que madame enfin soit une bête,
Pour ne se mettre pas la jalousie en tête?
Et que si vous courez à tout moment ainsi
Vous ne la voyez pas bientôt courir aussi?

CLIDAMANT.

Je me rirai toujours de ce que tu sais dire.

GUILLOT.

Monsieur tout doucement il ne faut point tant rire,
Je sais un quolibet tout-à-fait familier,
Qui dit que rira bien qui rira le dernier.
Si comme vous, madame allait courir la ville,
Pour se faire conter la fleurette gentille,
Qu'elle se fit trainer en carosse public,
Et qu'au jeu de coureuse elle vous fit repic,
Qu'en cherchant comme vous autre, par sa fortune,
En carosse commun elle devint commune,
Qu'à toute heure elle mit votre honneur en péril,
Dites-moi s'il vous plait, lejeu vous plairait il?

CLIDAMANT.

Non.

GUILLOT.

Mais cette façon vous étant coutumière,
Elle pourrait agir de la même manière,
Et comme vous mettez son honneur aux abois,
Vous rendre bien souvent des feves pour des pois,
Joint qu'elle s'y ferait suivre de sa suivante
Et si dans ces harnois quelque galant les tente,
Et que toutes les deux y perdent leurs vertus
Monsieur qui de nous deux sera le plus camus?

CLIDAMANT.

Ton esprit n'est rempli que de mille sottises,
Et tu ne m'entretiens jamais que de bêtises,

GUILLOT.

Ce qu'on doit craindre encor en carrosse à cinq sous,
C'est qu'on livre son cœur à la gueule des loups;
On ne rencontre là que chetives donzelles,
Qui... vous m'entendez bien passent pour telles qu'elles!
Et si Satan allait un beau jour s'aviser
De se vêtir en dame et pour vous courtiser
Dessus son laid minois qu'il allât mettre un masque,
Et que monsieur mon maître et son amour fantasque,
Allât conter fleurette à ce démon follet,
Et qu'il se trouvât pris par ce diable au collet,
Il ne serait pas temps alors de s'en dédire;
Bien loin de vous quitter, il n'en ferait que rire,
Et quand il vous tiendrait une fois dans son lieu,
Dieu sait s'il vous ferait grande chère et beau feu.
Tout cela ne vaut rien, sachez que si Madame;
Vous voit jamais brûler d'une nouvelle flamme,

Qu'elle vous voie user d'un trafic si gaillard
Elle vous laissera faire l'amour à part;
Et voyant en amour que vous faites ripaille
Elle se servira du droit de représaille,
Puis après vous dira pour vous crever d'ennui,
Ainsi que cet oiseau : *comme il te fait, fais-lui.*

CLIDAMANT.

Ah! qu'elle n'est pas femme à faire telle faute,
Elle a trop de sagesse et l'âme par trop haute,
Pour me tromper jamais.

GUILLOT.

Et, Monsieur, que sait-on?
L'occasion, dit-on, fait souvent le larron.

CLIDAMANT.

Mais je la vois venir; évitons sa rencontre.

SCÈNE V.

CLIDAMANT, CLARICE, GUILLOT.

CLARICE *sans masque.*

Justes Dieux! il me fuit d'abord que je me montre.

GUILLOT.

Monsieur, approchez-vous.

CLIDAMANT.

Te tairas-tu, maraut?

GUILLOT.

Faites-lui mettre un loup, vous l'aimerez bientôt.

CLARICE.

Comment donc? vous fuyez alors qu'on vous appelle?

GUILLOT.

Il ressemble au chien de feu Jean de Nivelle.

CLARICE.

Mais qui vous rend, Monsieur, de si mauvaise
humeur?

CLIDAMANT.

J'ai perdu mon argent.

CLARICE.

Ou plutôt votre cœur.

CLIDAMANT.

Ah! Madame! sachez que je suis toujours vôtre,
Et Guillot vous peut dire.....

GUILLOT.

Oui, c'est un bon apôtre.

CLIDAMANT.

Que je vous aime autant,..

GUILLOT.

Madame, par ma foi,
Il vous aime en un point... enfin... que sais-je
moi?
Je ne puis pas avoir l'éloquence assez forte,
Pour vous bien l'exprimer, ou le diable m'emporte.

CLARICE.

Je vous laisse rêver, adieu, je vais chez nous.

CLIDAMANT.

Madame, n'auriez-vous pas votre montre sur vous?
La mienne est demeurée au logis sur ma table.

CLARICE.

La voilà, je m'en vais.

GUILLOT.

Il la voudrait au diable,
Pauvre souffre-douleur que tu me fais pitié!

Il faut que vous soyez, Monsieur, sans amitié.

CLIDAMANT.

Ah! depuis que j'ai vu cette adorable dame,
Je ne saurais souffrir aucunement ma femme.
Ne serai-je jamais au bien heureux moment,
Que je dois voir ici cet objet si charmant?
Mais las! je l'aperçois : ô dieux qu'elle a de grâce!
Madame, vous daignez vous rendre en cette place;
Ah! que vous me comblez de faveurs en ce jour.

CLARICE.

On ne saurait moins faire ayant beaucoup d'amour.

GUILLOT.

Peste qu'elle l'entend, la matoise est rusée,
Dès la seconde vue elle est apprivoisée.

CLIDAMANT.

Madame, je vous offre, et mon cœur et mon bien.

GUILLOT.

Il n'en sortira pas sans y laisser du sien.

CLARICE *bas*.

Voyez la trahison, la perfidie extrême,
En tiendrais-je à présent si je n'étais moi-même?

CLIDAMANT.

Acceptez, s'il vous plait, mon service et ma foi.

CLARICE.

Je ne refuse point ce qui n'est dû qu'à moi,
C'est une vanité, mais comme je vous aime,
Ce serait me trahir si vous n'aimiez de même,
Ainsi deux cœurs unis ne doivent être qu'un.

GUILLOT.

Ils vont mettre bientôt tout leur bien en commun

Mais comme il fait l'amour à sa chère poupine,
Qu'à lui conter douceur le drôle se caline.
Si pour moi vous vouliez avoir le cœur benin,
Nous pourrions bien aussi nous donner du calin.

BÉATRIX.

Quoi, tu voudrais à deux donner tes amourettes?

GUILLOT.

Pourquoi non? un bon coq à bien douze poulettes.

LISETTE.

Vraiment c'est pour ton nez, on t'en donnera deux.

GUILLOT.

Savez-vous que je suis rudement amoureux,
Et qu'au moins le valet peut avoir deux Chimènes.
Lorsque le maître en a trois ou quatre douzaines.

CLARICE.

Monsieur, votre valet vous met en grand crédit?

GUILLOT.

Nous avons en amour tous deux bon appétit.

CLIDAMANT

Tout ce qu'il dit n'est rien que pour nous faire rire;
Madame, autre que vous ne cause mon martyre,
Oui, de vous adorer je fais tout mon bonheur,
J'en jure par vos yeux et dessus mon honneur...

GUILLOT

Ah! ne le croyez pas, il jure par coutume,
Il est chargé d'honneur comme un crapaud de plumes.

CLIDAMANT.

Ah ! c'est trop m'interrompre.

GUILLOT.

Et bien je ne dis mot.

CLIDAMANT.

Vous vous ferez frotter si vous faites le sot,
Daignerez-vous souffrir adorable personne,
Qu'au nom de mon amour ce présent je vous donne ?

CLARICE.

Ce serait vous fâcher si je refusais rien,
Tous les biens sont communs, alors qu'on s'aime bien,
Et comme vous savez à quel point je vous aime...
Il me fait un présent de ma montre à moi-même,
L'ingrat, le déloyal.

GUILLOT.

Ah ! tout beau, s'il vous plaît,
Si vous voulez aimer, aimez sans intérêt :
Comment, Monsieur, donner la montre de sa femme ?
Mais il faut être fou ?...

Clarice, Lisette et Béatrix sortent.

CLIDAMANT.

Veux-tu te taire infâme ?
Quoi, je ne puis pas être un moment en repos !
Traître, il faut qu'en ce lieu je te brise les os.

GUILLOT *à genoux.*

Pardon.

CLIDAMANT.

Coquin..... Madame.....

GUILLOT.

Ah ! la bonne rencontre.

CLIDAMANT.

Que veut dire ceci ?

GUILLOT.

Regardez votre montre,
Afin que nous puissions savoir quelle heure il est;
Vous le méritez bien, Monsieur, puis qu'il vous plait,
Mais votre destinée eût été bien meilleure,
Si quand elle était là, la montre eût sonné l'heure,
Et qu'avant qu'elle pût d'ici déménager,
Vous l'eussiez pu réduire à l'heure du berger.

CLIDAMANT.

Non, je n'y comprends rien, plus mon âme s'occupe...

GUILLOT.

Et moi je comprends fort qu'on vous a pris pour dupe,
Il valait beaucoup mieux faire l'amour chez vous,
Que d'en aller conter en carrosse à cinq sous.

CLIDAMANT.

O dieux! mais Clindor vient à la place royale.

GUILLOT.

Tout vient ici de vrai, mais la montre détale.

SCÈNE VI.

CLINDOR, CLIDAMANT, GUILLOT.

CLINDOR *sortant du carrosse avec Lucrèce et un autre.*

Adieu, Messieurs, je suis votre humble serviteur.

LUCRÈCE.

Nous n'avons jamais eu tant de bien et d'honneur,
Qu'on en a de se voir en votre compagnie,
Adieu.

CLINDOR.

Je suis à vous.

GUILLOT.

Que de cérémonie.

CLINDOR.

Qui vous croyait ici, cher ami Clidamant.

GUILLOT.

Il ne s'y voit que trop pour son contentement?

CLIDAMANT.

Ah! que j'ai de chagrin.

CLINDOR.

Qui le peut faire naître?

GUILLOT.

Demandez-lui monsieur quelle heure il peut bien être.

CLINDOR.

Tais-toi. mais qu'avez-vous qui vous met en courroux?

CLIDAMANT.

Des dames en carosse avaient pris rendez-vous,
Pour venir en ces lieux, elles y sont venues. . .

GUILLOT.

Oui, mais avec sa montre elles sont disparues.

CLINDOR.

Hé bien! pour une montre est-ce un si grand malheur?

CLIDAMANT.

Non, mais j'en adore une et c'est là ma douleur.

CLINDOR.

Il est vrai qu'elle est grande.

GUILLOT.

Ah! les maudits carosses,
Où l'on prend, cœur, argent, ou l'on fait tous négoces...

CLINDOR.

J'en sors et ne crois pas que l'on m'ait pris le mien.

GUILLOT.

Que savez vous Monsieur, en jureriez vous bien,

CLINDOR,

Je le verrai bientôt, il n'est rien plus facile.

Il fouille en sa poche.

Oüais, je ne trouve rien.

GUILLOT.

Adieu votre mazille.

CLIDAMANT.

Quoi Clindor auriez vous trouvé quelques filoux?

CLINDOR.

J'avais porté sur moi quantité de bijoux,
Et l'on m'a tout volé, la maudite rencontre!

GUILLOT.

Les bijoux sont allés sans doute avec la montre,

Je ne m'étonne plus si ces dignes Messieurs,
Vous disaient qu'ils étaient si fort vos serviteurs
Qu'ils n'avaient jamais eu tant de bien en leur vie,
Qu'ils en avaient reçu de votre compagnie.

CLINDOR.

Encore si j'avais en ce lieu mon valet....

GUILLOT.

Monsieur, chez chaque orfèvre envoyez un billet.
Pour moi, si je les trouve avecque mon olinde...
Et nous, Monsieur, allons chercher nos louves d'Inde.

Fin du second acte.

ACTE TROISIÈME.

SCÈNE PREMIÈRE.

CLARICE, LUCRÈCE, BÉATRIX, LISETTE.

CLARICE.

Avouons toutes deux qu'en carosse à cinq sous,
Nous avons fait des tours qui sont dignes de nous.
Puisque vous en avez tiré vos pierreries
Et qu'un mari m'a dit forces galanteries:
Mais quoi s'il s'est rendu dans ce lieu mon amant
Je n'en dois le bonheur qu'à mon loup seulement;
Pour vous on ne peut trop admirer votre adresse.

LUCRÈCE.

Il est vrai que j'ai fait le trait avec souplesse;
Je vais pour mon argent jouer d'un autre tour

CLARICE.

Moi jouer Clidamant jusqu'à la fin du jour.

LUCRECE.

Si Ragotin parait; voici quelque ressource;
Nous nous retrouverons dès que j'aurai la bourse.
Ne vous éloignez pas s'il vous plait de ces lieux.

SCÈNE II.

RAGOTIN, *seul.*

La peste le bon vin, mais il est furieux;
J'en devais par ma foi prendre moins d'une dragme,
Car je me sens brûler jusques au diafragme.
J'avouerai que cet homme était menteur alors,
Qui disait qu'un bon vin soutenait bien un corps,
Et qu'un doigt détournait d'aller dedans la tombe.
J'en ai bu comme un diable, et je sens que je tombe.
Mon ami, mon garçon, mon fanfan, mon cher cœur,
En cette occasion montre de la vigueur..

SCÈNE III.

LUCRÈCE, RAGOTIN.

LUCRÈCE.

Ah! l'étrange malheur! que je suis misérable!
Est il un sort au monde à mon sort comparable?
Dire que j'ai joué, c'est dire j'ai perdu.

RAGOTIN.

Qu'avez-vous donc, Monsieur? qui vous rend éperdu?

LUCRÈCE.

Ce que j'ai? j'ai perdu plus de mille pistoles,
Et je puis bien au moins perdre quelques paroles.

RAGOTIN.

Ah Monsieur, perdez-en, je n'y résiste pas,
Comme un désespéré, criez au meurtre, hélas,
Pestez et tempêtez après les destinées,
Luttez si vous voulez contre les Pyrénées,
Et comme un charretier dans votre passion,
Jurez, je verrai tout sans nulle émotion.

LUCRÈCE.

Ah mort!

RAGOTIN.

Fort bien.

LUCRÈCE.

M'avoir quitté de la manière!
Avec trente louis, je vais dans la rivière
Les jeter, si je n'ai quelqu'un pour les jouer,
Mais quoi, sais-je aucun jeu?

RAGOTIN.

Je veux l'amadouer,
Il vaut mieux les gagner, que souffrir qu'il les jette,
Il ne sait pas le jeu, je n'y suis pas mazette,
Monsieur les voulez-vous jouer dedans ce lieu?

LUCRÈCE.

Je le voudrais bien, mais je ne sais pas le jeu.

RAGOTIN.

Ho! nous vous le pourrons facilement apprendre,
Pourvu que vous vouliez présentement m'entendre,
Quelle carte est-ce là!

LUCRÈCE.

C'est le roi de carreau,

RAGOTIN.

L'innocent! l'As de cœur, peste du jouvenceau.
Et ces deux autres là?

LUCRÈCE.

Ce sont je crois deux trèfles.

RAGOTIN.

S'il s'en allait au Temple, il aurait bien des nèfles.
A quel jeu jouerons nous?

LUCRÈCE.

A quelque jeu nouveau,
Au Lansquenet.

RAGOTIN.

Coupez.

LUCRÈCE.

Je n'ai point de couteau.

RAGOTIN.

Au diable soit la bête et l'ignorance crasse.

LUCRÈCE.

Étant de qualité j'aurais mauvaise grâce,
De jouer avec toi, puis as-tu de l'argent?

RAGOTIN.

Apprenez que je suis moins que vous indigent.
Que je ne suis jamais sans quinze cent pistoles,
Je vais vous les tirer pour prouver mes paroles.

LUCRÈCE.

Honnête homme parbleu, puisqu'il a de l'argent.

RAGOTIN.

Çà, Monsieur, s'il vous plait, commençons maintenant.
Coupez; à vous la main.

LUCRÈCE.

Sur les deux cartes vôtres,
Que jouez-vous, l'ami? les trente louis nôtres?

RAGOTIN.

Ouida, je le veux bien.

LUCRÈCE.

Celle-là c'est pour moi.
Mais beau jeu bon argent.

RAGOTIN.

Tout est de bon aloi.

LUCRÈCE, *se tournant vers le monde.*

Pourquoi venir parler sur le jeu de la sorte.
Savez-vous que je suis un homme qui m'emporte
C'est trop, il faut au nez les cartes vous lancer.

RAGOTIN.

Monsieur, attendez-moi, je vais les ramasser.

LUCRÈCE.

Tandis que bonnement les cartes il ramasse,
Plions-lui sa toilette et de fort bonne grâce,
Et songeons promptement à déloger d'ici.

SCÈNE IV.

RAGOTIN.

Je vais à vous, Monsieur; ne parlez plus ainsi
Et laissez-nous jouer, Messieurs, sans nous rien dire;
Coupez, ou diable est-il, il s'est caché pour rire,
Espérant que la peur me saisirait les sens,
Mais, peste, il ne tient rien, je connais bien mes gens.
Et puis son innocence allant jusqu'à l'extrême

Pourrait-il jamais faire une action de même ?
Cherchons-le cependant, quoiqu'il ne soit pas fin,
S''il s'en était allé, j'en aurais du chagrin :
Ah ! c'est trop vous cacher, Monsieur, de l'ignorance,
Hola ! ne suis-je point dupé par l'innocence.
Ouais, je n'aperçois rien, il n'est plus en ce lieu,
Je suis volé sans doute, il ne sait pas le jeu ?
Monsieur ! au diablezot, il a plié bagage,
C'est moi-même qui suis l'innocent personnage,
Si mon maître survient, je suis pendu tout net,
Il vient.

SCÈNE V.

CLINDOR, RAGOTIN.

CLINDOR.

Je voudrais bien rencontrer mon valet,
Afin de pouvoir mieux mettre ordre à mon affaire,
Le voilà, Ragotin, parle, qui te fait taire ?

RAGOTIN.

Ah ! j'ai la gueule morte en ma grande douleur.

CLINDOR.

Comment t'a-t-on appris jusqu'où va mon malheur.

RAGOTIN.

Dans ce monde, Monsieur, tout chacun a sa peine,

Vous savez bien la vôtre, et je sais bien la mienne.

CLINDOR.

Dis-le moi, t'a-t-on fait quelque chose en ce lieu?

RAGOTIN.

Un certain innocent qui, sans savoir le jeu,
M'a fait jouer ici; j'ai tiré votre bourse,
Il a tout emporté, puis il a pris sa course.

CLINDOR.

Ah! traître, tu seras pendu dedans ce lieu.

RAGOTIN.

Monsieur, est-ce ma faute? il ne sait pas le jeu.

CLINDOR.

Hélas! je suis perdu si tu ne le fais prendre,
Il n'est rien plus certain que je te ferai pendre,
Dépèche vitement de courir après lui:
Après tant de malheurs il faut mourir d'ennui.

SCÈNE VI.

CLIDAMANT, GUILLOT.

GUILLOT.

Mais, Monsieur, voulez-vous avec vos amourettes,
Courir incessamment et louves et louvettes?
Et n'êtes-vous point las d'aller et nuit et jour,
En ces chiens de harnois exprimer votre amour!
On ne voit rien que vous à toute heure en hommage,

En carosse de ville ; en fiacre de louage ;
N'étiez-vous pas encore hier à courir les champs,
Où vous poussâtes là mille soupirs touchans,
Auprès d'une beauté sensible à votre peine :
Aujourd'hui dans Charonne et demain dans Vincenne,
A Boulogne, Passy, Saint-Cloud, *chez la du Rier*,
Cocher, vous faites-là le repas familier,
Vous vous divertissez de la bonne manière,
Dans ce charmant logis où l'on fait chère entière,
Et quand vous aurez pris vos aimables ébats,
Vous rentrez en carosse, et puis *au petit pas*,
Mon cher, remène-nous par le Cours de la Reine,
Là, vous goguenardez avec votre Chimène,
Puis vous étant donné, comme on dit, du menu,
Alors que vous avez tout votre soul couru,
Et toute la journée et toute la nuitée,
Vous allez reposer votre tête éventée.
Monsieur, si vous menez encore long-temps ce train,
C'est prendre de l'enfer justement le chemin.

CLIDAMANT.

Ah ! loin de te railler au fort de mon martyre,
Cherchons plutôt l'objet pour qui mon cœur soupire,

GUILLOT.

Comme de nos harnois c'est ici le bureau,
Cessez d'inquiéter votre digne cerveau,
Vous-y verrez bientôt venir vos demoiselles
Se camper en ces lieux comme des sentinelles,

Pour voir les damoiseaux afin d'espionner,
Qui leur pourra donner quelque chose à gagner:
Dès qu'elles peuvent voir un homme d'apparence
Elles sont à l'affut pour avoir sa finance,
S'il vient s'encarosser pour chasser son ennui,
Elles ne manquent pas de s'y mettre avec lui,
Et ne peut s'échapper des mains de ces coquettes
Qu'il ne soit aussi sec qu'un paquet d'alumettes.
Comme elles sont, Monsieur, adroites à cela,
Vous imaginez-vous qu'elles s'en tiennent là?
Celle que vous aimez de ce métier se pique,
Et vous êtes, ma foi, sa meilleure pratique,
Ainsi vous la verrez bientôt dedans ce lieu.

CLIDAMANT.

Que je serais heureux, ah! Guillot, plût à Dieu!

SCÈNE VII.

CLIDAMANT, GUILLOT, LISETTE.

GUILLOT.

Monsieur, j'en vois déjà quelqu'une qui se montre,
Cherchez fortune ailleurs, nous n'avons plus de montre,

CLIDAMANT.

Tais-toi.

LISETTE.

Mon cher ami cesse de te fâcher.
Ma maîtresse m'a dit de vous venir chercher,
Monsieur, et vous trouvant votre montre vous rendre.

GUILLOT.

De peur qu'elle n'échappe, il la faut vite prendre.

CLIDAMANT.

Si tu me parles plus, je te vais étrangler.

GUILLOT.

Ah! j'aime beaucoup mieux, monsieur, ne point
parler,
Je m'en vais observer un si profond silence,
Que vous enragerez.

CLIDAMANT.

Dis-moi ce qui l'offense,
Et la peut obliger à rendre ce présent.

LISETTE.

Elle en a, ce dit-elle, un sujet suffisant.

CLIDAMANT.

Mais encor, quel est-il? et qu'ai-je pu lui faire?

LISETTE.

Vous me faites pitié, je ne puis vous le taire,
Ma maitresse se plaint, disant qu'en ce moment
Qu'elle a su s'en aller, il fallait promptement
Dès qu'elle vous quittait hâtivement la suivre,
Pour montrer qu'en amour vous saviez fort bien
vivre;
Elle a connu par-là que votre amour est lent.

CLIDAMANT.

Ah! que dit-elle? est-il rien de si violent?
Dites-lui s'il vous plait que je brûle pour elle,
Que l'on ne vit jamais un amant si fidelle,
Et que si je n'ai l'heur de la voir en ces lieux,

Je suis dans un état tout-à-fait périlleux,
Je lui dirai pourquoi je ne l'ai pas suivie.

LISETTE.

Comme elle vous aimait au-delà de sa vie...

CLIDAMANT.

Reportez ce présent à cet objet charmant
Lui donnant de ma part encor ce diamant,
Et pour vous, s'il vous plait, prenez ceci, ma fille.

LISETTE.

Hé, monsieur!

CLIDAMANT.

Je le veux.

GUILLOT.

Ah! comme elle le pille.

CLIDAMANT.

Mais me promettez-vous que je la pourrai voir?

LISETTE.

Je vais tout de ce pas y faire mon pouvoir.

SCÈNE VIII.

CLIDAMANT, GUILLOT.

CLIDAMANT.

Que dis-tu cher Guillot?

GUILLOT.

Je n'oserais rien dire.

CLIDAMANT.

Ah! parle, je le veux.

GUILLOT.

Monsieur, laissez-moi rire.
Continuez mon fils. Ah! le joli garçon,
Vous allez bientôt faire une bonne maison,
Si vous menez encor quelque temps cette vie,
Nous vous verrons dans peu chef de la gueuserie.
Mais j'aperçois ici venir vos trois filoux:
Voilà notre brebis à la gueule des loups.

CLIDAMANT.

Ah! que je suis heureux de vous revoir, madame,
Etre en un lieu sans vous, c'est être sans mon âme.

CLARICE.

Pour un homme qui dit aimer si puissamment,
Vous deviez ce me semble agir tout autrement
Me suivre en m'en allant.

CLIDAMANT.

Ah! dans cette rencontre,
Vous m'eussiez acccusé d'avoir suivi ma montre.

CLARICE.

L'excuse est fort adroite.

CLIDAMANT.

Appaisez ce courroux.

CLARICE.

Allez je vous pardonne et je suis toute à vous.

GUILLOT.

Les voilà bons amis, comme elle l'amadoue,

En lui prenant son bien la drôlesse le joue.

CLIDAMANT.

Madame obligez-moi, que je vous puisse voir.
Montrez ce beau visage où gîte tout mon espoir.

GUILLOT.

Oui c'est bien raisonner, levez votre visière,
C'est peut-être Monsieur quelque vieille sorcière.

CLARICE.

Si je me démasquais, vous seriez bien confus,
Voyant mon peu d'attraits, vous ne m'aimeriez plus.

CLIDAMANT.

Quand vous n'auriez en vous que votre seule grâce,
je vous....

CLARICE.

Vous me verrez avant que le jour passe,
Mais avant que me voir, voulez vous m'obliger.

CLIDAMANT.

Je braverais pour vous jusqu'au plus grand danger.
Madame, ce que j'ai de plus considérable,
Daignez vous en servir s'il vous est agréable;
Ma personne, mon bien, le tout vous est acquis.

CLARICE.

Je voudrais seulement quatre ou cinq cents louis.

GUILLOT.

Seulement, ce n'est rien, non redoublez la dose,
Vous n'avez rien, Monsieur, qu'à rayer cette clause

Qui ne passera point de mon consentement.
N'avez vous pas son cœur, sa montre, un diamant?
Sans nous venir encor escroquer notre bourse :
Où pourrions-nous après trouver quelque ressource.

CLIDAMANT.

Ah! je m'en vais ici terminer ton destin.

GUILLOT.

Que m'importe? aussi bien je vais mourir de faim?

CLARICE.

Pouvez vous me donner ce que je vous demande?
Il est certain que c'est une faveur bien grande,
Mais je verrai par là jusqu'où va votre ardeur,
Si vous me l'accordez....

GUILLOT.

Autant pour le brodeur.

CLIDAMANT.

Je vous les vais donner présentement, Madame.

GUILLOT.

Moi je vais de ce pas tout dire à votre femme.

CLIDAMANT.

Tu vas à ma fureur être sacrifié,
Je te vais assommer

CLARICE.

Vous êtes marié!

CLIDAMANT.

Moi marié, Madame? ah! c'est une imposture.

Que ce maraut vous dit : tu périras je jure.

CLARICE.

Un homme marié qui ferait comme vous,
Attirerait du ciel sur lui tout le courroux,
Ne pouvant trop punir sa perfidie extrême :

CLIDAMANT.

Madame, assurément croyez que je vous aime,
Que je n'aurai jamais d'autre femme que vous.

GUILLOT.

Madame, par ma foi, s'il était votre époux,
Deux femmes sûrement, s'il ne tirait ses chausses?
Le feraient bientôt pendre, où les lois seraient fausses.

CLIDAMANT.

Il nous le faut laisser parler tant qu'il voudra.
Madame, cependant qu'il se tourmentera,
Vous pouvez de ma part accepter cette somme.

CLARICE *bas le premier mot.*

Le traitre! je l'accepte,

LISETTE.

Ah, mon dieu l'honnête homme!

GUILLOT.

Vous n'avez plus qu'à faire encore un même tour,
Pour vous faire nommer Monseigneur d'argencourt,
Vous en usez mon maitre avec tant de franchise,
Qu'elles vous pilleront jusqu'à votre chemise.

SCÈNE IX.

CLIDAMANT, CLARICE LUCRECE, LISETTE, BEATRIX, GUILLOT.

LUCRÈCE.

Comment déjà Madame être rendue ici?

GUILLOT *à son maître.*

Vous n'êtes pas tout seul d'amoureux, dieu merci.
Nous allons voir beau jeu si dame jalousie,
Se vient mettre une fois dedans sa fantaisie.

CLIDAMANT.

Serais-je bien ici témoin d'un rendez-vous?

LUCRÈCE.

Cela pourrait bien être, en êtes-vous jaloux?

CLIDAMANT.

Il semble qu'en ce lieu vous vouliez me déplaire.

LUCRÈCE.

Peut-être ? que sait-on ? cela se pourrait faire.

CLARICE.

Ah ! Messieurs, s'il vous plait, parlez sans passion.

LUCRÈCE.

Je suis à tout moment dedans l'occasion,
Et s'il ne tient ici qu'à le faire paraître,
Je vous ferai bien voir que j'y puis passer maître,
Et que je ne crains point des gens faits comme vous.

Nous avons quelque fois fait le coup de dessous.
Et nous savons pousser une botte si preste,
Qu'il n'est point d'homme à qui nous ne donnions le reste.

GUILLOT.

Le vaillant champion ! ne dites rien Monsieur,
Ce cher petit cadet pourrait faire malheur,
On dit qu'un petit homme a toujours du courage.

LUCRÈCE.

Le cœur vous en dit-il? déguennons, j'en enrage,

CLIDAMANT.

Si nous n'étions devant le plus beau des objets,
Je vous montrerais bien.....

GUILLOT.

Monsieur, *non occides*.

CLARICE

Pour finir promptement votre désordre extrême
M'aimez-vous puissamment;

CLIDAMANT.

Hélas ! si je vous aime?
Pouvez-vous bien douter d'une telle amitié ?

CLARICE.

J'en doute avec raison, vous croyant marié.

CLIDAMANT.

Je ne le fus jamais, je vous jure Madame,

CLARICE *ôtant son loup.*

Qui suis-je donc Monsieur, suis-je pas votre femme.
Vous ne me dites rien.

GUILLOT.

Ah, qu'il est confondu!
Monsieur consolez-vous, rien ne sera perdu,
Vous en auriez été dans une autre rencontre,
Pour votre diamant, votre argent et la montre.

CLARICE.

Là, courtisez-moi donc, mon aimable galant,
Quoi votre amour pour moi n'est-il plus violent?

CLIDAMANT.

Ah! le ciel par deux fois l'ayant fait naître extrême,
Madame il est certain qu'il faut que je vous aime
Et que je ne saurais jamais aimer que vous,
Mais je puis à mon tour paraître un peu jaloux.
Cet amant....

CLARICE.

Vous doit être un sujet d'allégresse
Puisque sous cet habit vous y voyez Lucrèce,
Qui s'est su déguiser pour rattraper son bien,
Mais j'aperçois Clindor, paix-là, ne disons rien.

SCÈNE X.

CLIDAMANT, CLINDOR, CLARICE, *Lucrèce*, *Béatrix*, *Lisette*, *Guillot*, *Ragotin*

CLINDOR *à Ragotin.*

Et bien coquin, dis moi, sais-tu quelques nouvelles?
Ne t'a t'on rien appris de mes pertes cruelles,

Ces extrêmes malheurs me rendent abattu.

RAGOTIN.

Oui dà Monsieur, j'en sais.

CLINDOR.

Quelles.

RAGOTIN.

Tout est perdu.

CLINDOR.

Tu mourras aujourd'hui de la main de ton maître.
Mais si je ne me trompe, enfin je vois paraître
Ce galant.

LUCRÈCE.

Suis-je exact à me rendre en ce lieu,

RAGOTIN.

C'est cet homme Monsieur qui ne sait pas le jeu.

CLINDOR

Ah, vous m'avez volé, vous périrez infâme.

GUILLOT.

Monsieur, ne tuez pas s'il vous plait votre femme,
Il n'est pas de besoin ici de l'immoler,

CLINDOR.

Quoi! Madame, c'est vous qui m'avez su voler?

GUILLOT.

Puisque tous deux vos biens se trouvent en vos femmes,
Pour elles il vous faut renouveler vos flammes,

Messieurs, tous vos discours sont ici superflus,
Mon maître, aimez chez vous, et vous ne jouez plus.
Donnez-nous cependant chacun notre maîtresse.

CLIDAMANT.

Oui, nous vous les donnons.

RAGOTIN.

Gentillesse

GUILLOT *au public.*

Messieurs, quand vous irez en carosse à cinq sous,
Si l'on vous dupe, au moins que ce soit comme nous.

FIN.

IMPRIMERIE DE A. CONIAM,
RUE DU FAUBOURG MONTMARTRE, n°. 4.

www.ingramcontent.com/pod-product-compliance
Ingram Content Group UK Ltd.
Pitfield, Milton Keynes, MK11 3LW, UK
UKHW021006180726
13838UKWH00003B/1468

9 782019 695552